400 PAROLE IN INGLESE PER BAMBINI

CON SPLENDIDE ILLUSTRAZIONI A COLORI

NICOLE HOWARD

TABLE OF CONTENTS - TAVOLA DEI CONTENUTI

INTRODUZIONE PER GENITORI ED EDUCATORI

Sapevi che i bambini sono dei geni linguistici, in grado di apprendere qualsiasi lingua con una facilità incredibile?

Questa capacità è un vero e proprio dono, studiato e confermata da numerosi esperti nel campo dello sviluppo infantile. I bambini possiedono una capacità innata di assimilare qualsiasi lingua, capacità che tende a ridursi drasticamente con l'avanzare dell'età.

Ciò che rende i bambini così abili nell'apprendere le lingue è la loro mente aperta ed estremamente flessibile, che è in grado di assimilare qualsiasi nuova informazione in modo rapido ed efficiente. Inoltre, i bambini riescono a comprendere il mondo che li circonda attraverso l'esperienza concreta, mediante l'utilizzo spontaneo di tutti i loro sensi. Questo approccio naturale all'apprendimento li rende particolarmente adatti ad imparare le lingue in modo intuitivo, rapido e spontaneo.

Il nostro libro *"400 Parole di Inglese per Bambini"* è stato appositamente pensato per aiutare il tuo bambino ad imparare la lingua inglese in modo facile e divertente. Le parole contenute nel libro sono tra le più utilizzate nel linguaggio comune e offrono una solida base per la comprensione della lingua. Le immagini grandi, colorate e tridimensionali rendono l'apprendimento un'esperienza piacevole e stimolante.

La Struttura Del Libro

Il libro si divide in varie categorie, come indicato dall'indice.

La divisione in categorie permette al bambino di apprendere le parole in modo più strutturato ed organizzato, oltre a consentirgli di sviluppare una conoscenza più completa e specifica della lingua inglese.

Tuttavia, è importante seguire queste categorie senza creare stress o ansia nel bambino. Il processo di apprendimento deve avvenire in modo naturale e spontaneo, rispettando i ritmi e le esigenze del bambino.

Sopra ad ogni immagine, in rosso, è scritta la parola in inglese, sotto l'immagine, in nero, la parola in italiano.

La Corretta Pronuncia

Apprendere la corretta pronuncia di ogni singola parola è molto importante. Sull'ultima pagina del libro troverete un codice QR e una password. Inquadrando tale codice, tramite qualsiasi App di lettura di QR su smartphone, e inserendo poi la password indicata, verrete indirizzati ad un video con la corretta pronuncia in lingua inglese di tutte le parole.

FOOD

CIBO

TOMATO

POMODORO

BROCCOLI

BROCCOLI

POTATO

PATATA

EGGPLANT

MELANZANA

PEPPER

PEPERONE

CUCUMBER

CETRIOLO

CARROT

CAROTA

GARLIC

AGLIO

ONION

CIPOLLA

AVOCADO

AVOCADO

MAIZE

GRANOTURCO

LEEK

PORRO

APPLE

MELA

PEAR

PERA

ORANGE

ARANCIA

BANANA

BANANA

GRAPE

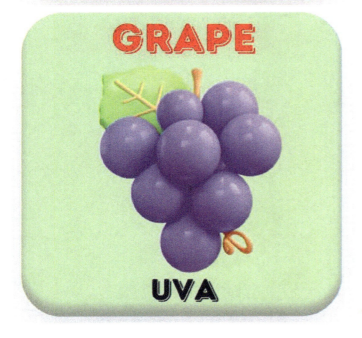

UVA

LEMON

LIMONE

CHERRY

CILIEGIA

WATERMELON

ANGURIA

COCONUT

COCCO

STRAWBERRY

FRAGOLA

APRICOT

ALBICOCCA

PINEAPPLE

ANANAS

BLUEBERRY

MIRTILLO

RASPBERRY

LAMPONE

MELON

MELONE

PRUNE

PRUGNA

CURRANT

RIBES

PEACH

PESCA

ALMOND

MANDORLA

PEANUT

ARACHIDE

CHESTNUT

CASTAGNA

PISTACHIO

PISTACCHIO

CASHEW
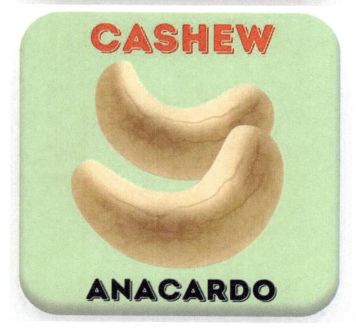
ANACARDO

WALNUT

NOCE

BREAD

PANE

HAM

PROSCIUTTO

SPAGHETTI

SPAGHETTI

CHEESE

FORMAGGIO

PIZZA

PIZZA

MEAT

CARNE

WATER

ACQUA

WINE

VINO

COFFEE

CAFFÈ

CAKE

TORTA

DONUT
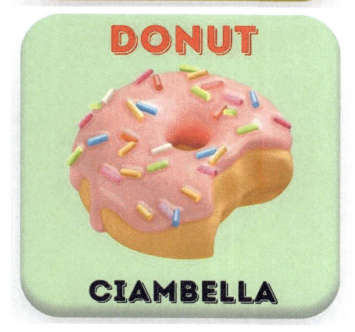
CIAMBELLA

ICE-CREAM

GELATO

CHOCOLATE

CIOCCOLATO

CANDY

CARAMELLA

PUDDING

BUDINO

MILK

LATTE

TEA

TÈ

SMOOTHIE

FRULLATO

OIL

OLIO

VINEGAR

ACETO

EGG

UOVO

BUTTER

BURRO

CREAM

PANNA

YOGURT

YOGURT

FLOUR

FARINA

SALT

SALE

HONEY

MIELE

SUGAR

ZUCCHERO

GINGER

ZENZERO

VANILLA

VANIGLIA

ANIMALS

ANIMALI

FISH

PESCE

TORTOISE

TARTARUGA

DOLPHIN

DELFINO

SHARK

SQUALO

BIRD

UCCELLO

OCTOPUS

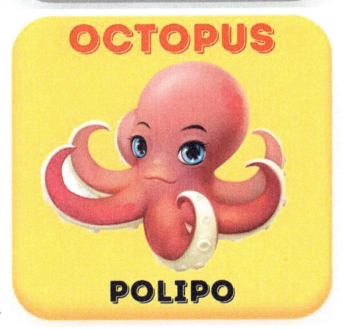

POLIPO

ZEBRA

ZEBRA

KANGAROO

CANGURO

PANDA

PANDA

SNAKE

SERPENTE

CROCODILE

COCCODRILLO

DOG

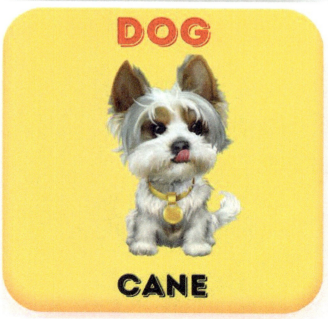

CANE

PIG

MAIALE

MOUSE

TOPO

TIGER

TIGRE

RABBIT

CONIGLIO

MONKEY
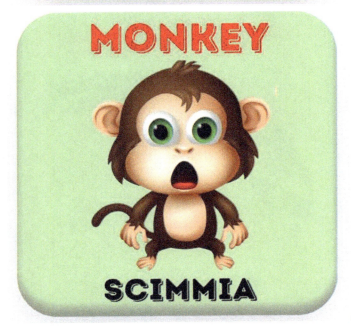
SCIMMIA

GOAT

CAPRA

CAT

GATTO

OX

BUE

PARROT

PAPPAGALLO

ELEPHANT

ELEFANTE

COW

MUCCA

STORK

CICOGNA

HORSE

CAVALLO

CHAMELEON

CAMALEONTE

FROG

RANA

OWL

GUFO

TOUCAN

TUCANO

CHICK

PULCINO

GIRAFFE

GIRAFFA

LION

LEONE

RHINOCEROS

RINOCERONTE

HIPPO

IPPOPOTAMO

SQUIRREL

SCOIATTOLO

FOX

VOLPE

BEAR

ORSO

DEER

CERVO

HEDGEHOG

RICCIO

CRICKET

GRILLO

RACOON

PROCIONE

EAGLE

AQUILA

BAT

PIPISTRELLO

DUCK

ANATRA

WHALE

BALENA

SEAHORSE

CAVALLUCCIO

JELLYFISH

MEDUSA

CRAB

GRANCHIO

SNAIL

CHIOCCIOLA

CATERPILLAR

BRUCO

BEE

APE

LADYBUG

COCCINELLA

DRAGONFLY

LIBELLULA

ANT

FORMICA

25

LIZARD

LUCERTOLA

FLY

MOSCA

SHEEP

PECORA

DONKEY

ASINO

BOAR

CINGHIALE

HEN

GALLINA

26

PEOPLE

PERSONE

BABY

INFANTE

CHILD

BAMBINO

STUDENT

STUDENTE

MOTHER

MADRE

FATHER

PADRE

GRANDMOTHER

NONNA

GRANDFATHER
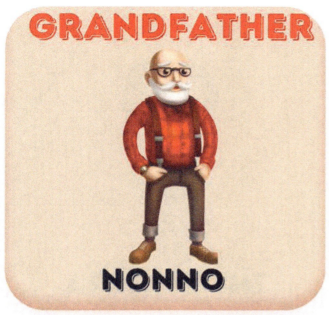
NONNO

CYCLIST

CICLISTA

COOK

CUOCO

TOURIST

TURISTA

PLUMBER

IDRAULICO

MANAGER

DIRIGENTE

DOCTOR

DOTTORE

NURSE

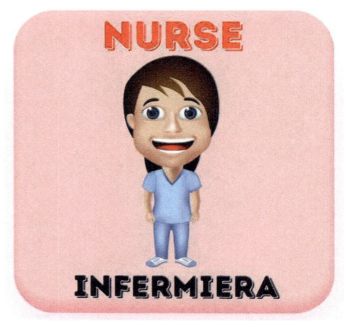

INFERMIERA

PIRATE

PIRATA

CAPTAIN

CAPITANO

SAILOR

MARINAIO

TEACHER

MAESTRA

POLICEMAN

POLIZIOTTO

SHERIFF

SCERIFFO

FIREMAN

POMPIERE

POSTMAN

POSTINO

BRICKLAYER

MURATORE

SCIENTIST

SCIENZIATO

KING

RE

QUEEN

REGINA

PRINCE

PRINCIPE

KNIGHT

CAVALIERE

ARCHER

ARCIERE

FAIRY

FATA

BODY PARTS AND ORGANS

PARTI DEL CORPO E ORGANI

HEAD

TESTA

NOSE

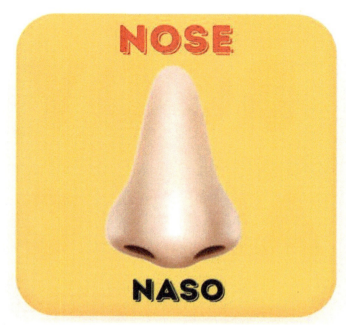

NASO

EAR

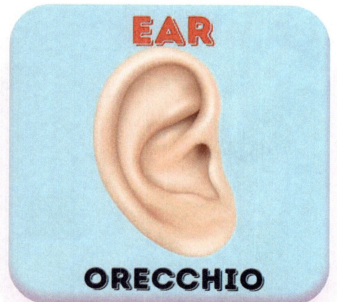

ORECCHIO

MOUTH

BOCCA

EYE

OCCHIO

SHOULDER

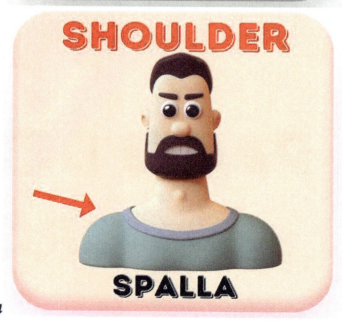

SPALLA

ARM

BRACCIO

LEG

GAMBA

HAND

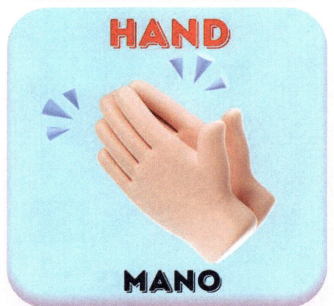

MANO

FOOT

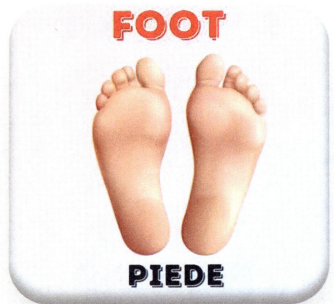

PIEDE

KNEE

GINOCCHIO

NECK

COLLO

HEART

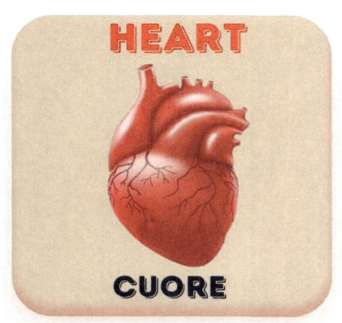

CUORE

BRAIN

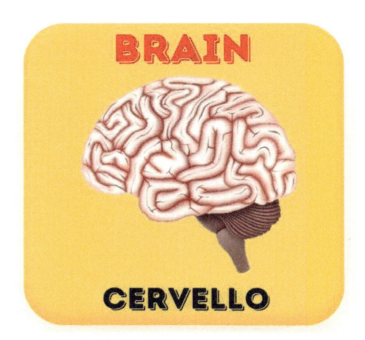

CERVELLO

INTESTINE

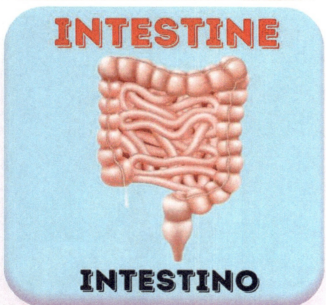

INTESTINO

LIVER

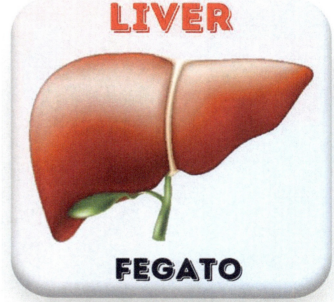

FEGATO

LUNGS

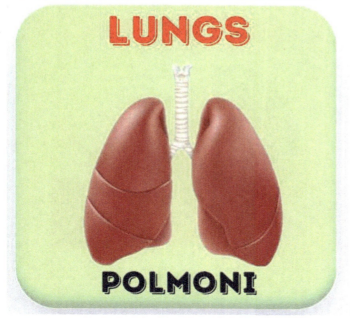

POLMONI

STOMACH

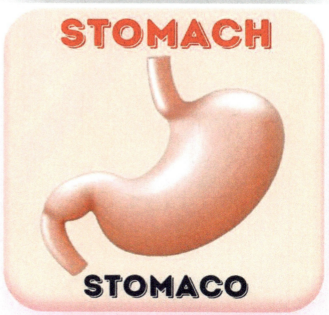

STOMACO

VEHICLES

VEICOLI

ROCKET

RAZZO

HELICOPTER

ELICOTTERO

BICYCLE

BICICLETTA

CAR

MACCHINA

AIRPLANE

AEROPLANO

SCOOTER

MOTORINO

HOT-AIR BALOON

MONGOLFIERA

BUS

AUTOBUS

SCHOOL BUS

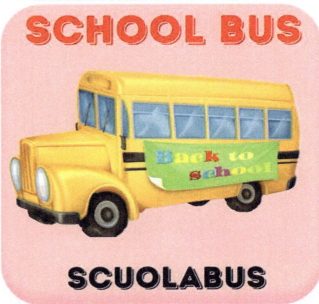

SCUOLABUS

TRUCK

CAMION

SNOWPLOW

SPAZZANEVE

TRICYCLE

TRICICLO

TRAIN

TRENO

SHIP

NAVE

SUBMARINE

SOTTOMARINO

EXCAVATOR

SCAVATORE

MOTORCYCLE

MOTO

TRACTOR

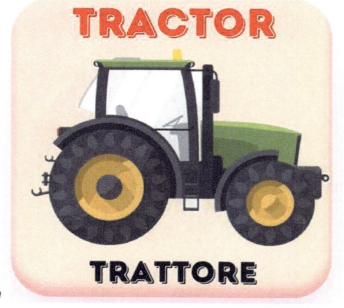

TRATTORE

HOUSE

CASA

HOUSE

CASA

BED

LETTO

CHAIR

SEDIA

ARMCHAIR

POLTRONA

BATH TUB

VASCA DA BAGNO

COAT RACK

APPENDIABITO

42

PLANT

PIANTA

SOFA

DIVANO

LAMP

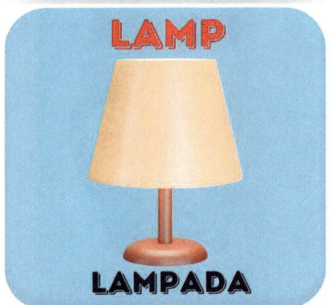

LAMPADA

NIGHT TABLE

COMODINO

OVEN

FORNO

FRIDGE

FRIGORIFERO

MICROWAVE

MOCROONDE

BLENDER

FRULLATORE

TOASTER

TOSTAPANE

KETTLE

BOLLITORE

TABLE

TAVOLO

WARDROBE

ARMADIO

DESK

SCRIVANIA

BOOKCASE

LIBRERIA

STOOL

SGABELLO

TELEVISION

TELEVISIONE

CARPET

TAPPETO

FIREPLACE

CAMINETTO

45

RAKE

RASTRELLO

SHOVEL

VANGA

WHEELBARROW

CARRIOLA

WATERING CAN

ANNAFFIATOIO

PLIERS

PINZE

DRILL

TRAPANO

WRENCH

CHIAVE INGLESE

SCREWDRIVER
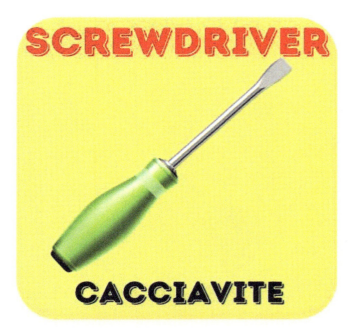
CACCIAVITE

HAMMER

MARTELLO

SAW

SEGA

METER

METRO

AXE

ASCIA

BROOM

SCOPA

DUSTPAN

PALETTA

SPONGE

SPUGNA

DETERGENT

DETERGENTE

IRON

FERRO DA STIRO

WASHING MACHINE

LAVATRICE

AIR CONTITIONER

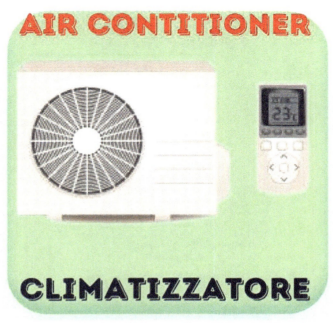

CLIMATIZZATORE

FAN

VENTILATORE

VACUUM CLEANER

ASPIRAPOLVERE

HAIRDRYER

ASCIUGACAPELLI

LADLE

MESTOLO

POT

PENTOLA

CHOPPING BOARD

TAGLIERE

BEATER

FRULLINO

OVEN GLOVES

GUANTI DA FORNO

SPATULA

SPATOLA

KNIFE

COLTELLO

SPOON

CUCCHIAIO

FORK

FORCHETTA

DISH

PIATTO

COMB

PETTINE

BRUSH

SPAZZOLA

TOOTHBRUSH

SPAZZOLINO

RAZOR
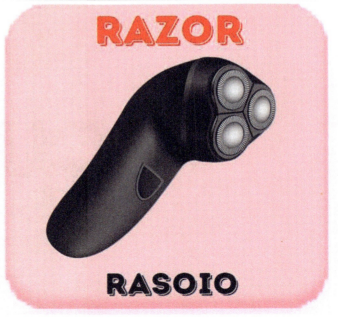
RASOIO

SCHOOL

SCUOLA

SCHOOL

SCUOLA

BACKPACK

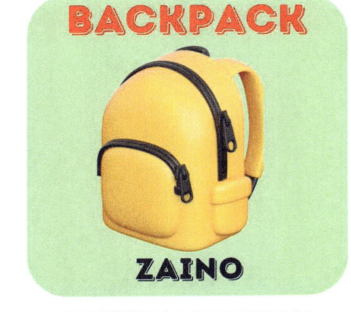

ZAINO

BOOK

LIBRO

NOTEBOOK

QUADERNO

PENCIL

MATITA

PEN

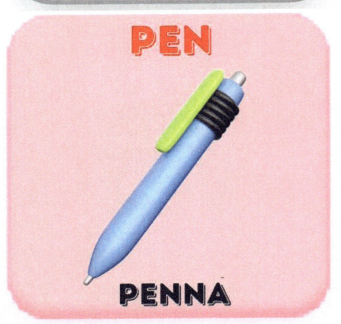

PENNA

ALARM CLOCK

SVEGLIA

PAINT BRUSH

PENNELLO

GLOBE

MAPPAMONDO

SHARPENER

TEMPERINO

ERASER

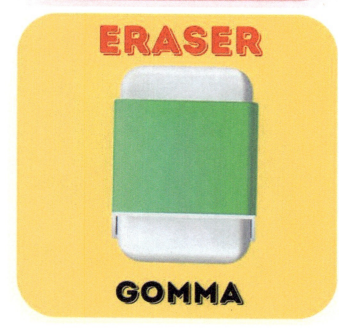

GOMMA

RULER

RIGHELLO

HIGHLIGHTER

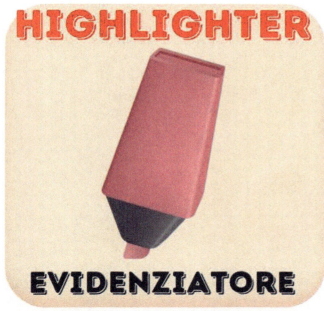

EVIDENZIATORE

COMPASS

COMPASSO

SCISSORS

FORBICI

BLACKBOARD

LAVAGNA

MICROSCOPE

MICROSCOPIO

SCHOOL DESK

BANCO

SEASONS AND OUTDOOR

STAGIONI E AMBIENTE ESTERNO

WINTER

INVERNO

HAT

CAPPELLO

SCARF

SCIARPA

GLOVE

GUANTO

SOCK

CALZA

EARMUFFS

PARAORECCHIE

CHRISTMAS

NATALE

SANTA CLAUS

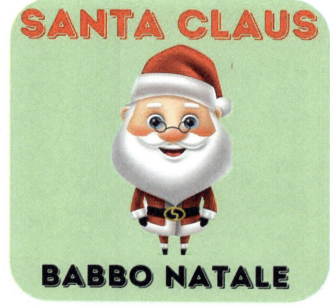

BABBO NATALE

SNOWMAN

PUPAZZO DI NEVE

REINDEER

RENNA

GIFT

REGALO

SKIER

SCIATORE

SNOW

NEVE

SLED

SLITTA

SWEATER

MAGLIONE

JACKET

GIACCA

ICE

GHIACCIO

SKATES

PATTINI

SPRING

PRIMAVERA

FLOWER

FIORE

EASTER

PASQUA

NEST

NIDO

FRUIT TREE

ALBERO DA FRUTTA

VEGETABLES

VERDURE

AUTUMN

AUTUNNO

LEAF

FOGLIA

ACORN

GHIANDA

UMBRELLA

OMBRELLO

PUMPKIN

ZUCCA

STORM

TEMPORALE

SUMMER

ESTATE

PALM TREE

PALMA

SUNGLASSES

OCCHIALI DA SOLE

STARFISH

STELLA MARINA

LIFESAVER

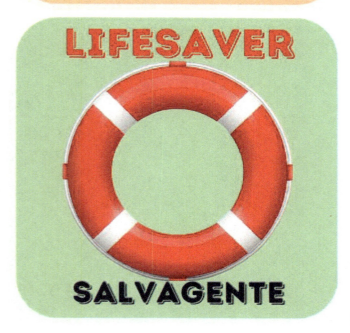

SALVAGENTE

SUITCASE

VALIGIA

62

SUN

SOLE

SHIP'S WHEEL

TIMONE

SAND CASTLE

CASTELLO DI SABBIA

BUCKET

SECCHIELLO

SMALL SHOVEL

PALETTA

FLIP-FLOPS
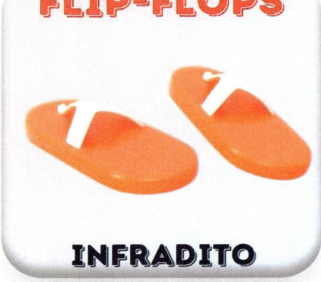
INFRADITO

MOON

LUNA

CLOUD

NUVOLA

WIND

VENTO

RAINBOW

ARCOBALENO

STUMP

CEPPO

BUSH

CESPUGLIO

STONE

PIETRA

TRUNK

TRONCO

FENCE

STECCATO

BIRDHOUSE

CASA DEGLI UCCELLI

SIGN

CARTELLO

FLOWERBOX

FIORIERA

LAKE

LAGO

BRIDGE

PONTE

BENCH

PANCHINA

HEDGE

SIEPE

FLOWERBED

AIUOLA

STREET LAMP

LAMPIONE

WATERFALL

CASCATA

DESERT

DESERTO

RIVER

FIUIME

HILL

COLLINA

MOUNTAIN

MONTAGNA

VOLCANO

VULCANO

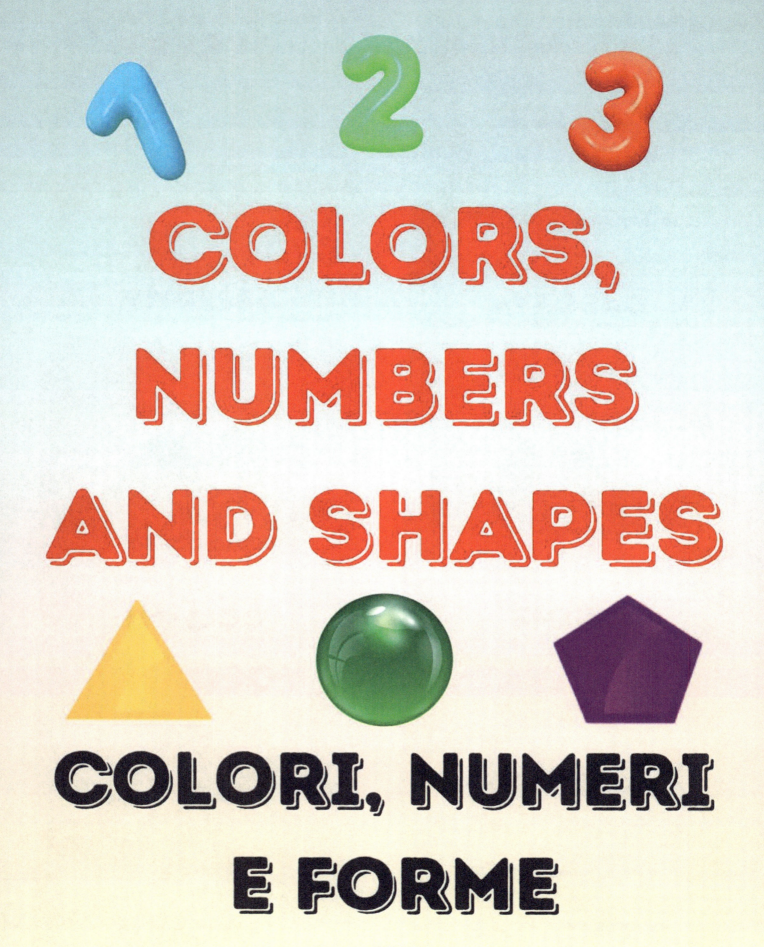

COLORS, NUMBERS AND SHAPES

COLORI, NUMERI E FORME

GREEN

VERDE

YELLOW

GIALLO

RED

ROSSO

ORANGE

ARANCIONE

BROWN

MARRONE

BLACK

NERO

BLUE

BLU

LIGHT BLUE

AZZURRO

PINK

ROSA

GREY

GRIGIO

PURPLE

VIOLA

WHITE

BIANCO

ZERO

ZERO

ONE

UNO

TWO

DUE

THREE

TRE

FOUR

QUATTRO

FIVE

CINQUE

SIX

SEI

SEVEN

SETTE

EIGHT

OTTO

NINE

NOVE

TEN

DIECI

ELEVEN

UNDICI

CIRCLE

CERCHIO

SQUARE

QUADRATO

TRIANGLE

TRIANGOLO

RECTANGLE

RETTANGOLO

PENTAGON

PENTAGONO

HEXAGON

ESAGONO

MUSIC AND SPORT

MUSICA E SPORT

MUSIC

MUSICA

PIANO

PIANOFORTE

GUITAR

CHITARRA

DRUMS

BATTERIA

SAXOPHONE

SASSOFONO

TRUMPET

TROMBA

VIOLIN

VIOLINO

HARP

ARPA

ACCORDION

FISARMONICA

XYLOPHONE

XILOFONO

FLUTE

FLAUTO

HEADPHONES

CUFFIE

SKATING

PATTINAGGIO

GYM

GINNASTICA

SOCCER

CALCIO

BOX

PUGILATO

TENNIS

TENNIS

BASKETBALL

PALLACANESTRO

RUNNING

CORSA

SWIMMING

NUOTO

YOGA

YOGA

CYCLING

CICLISMO

GOLF

GOLF

SNOWBOARDING

SNOWBOARD

TENNIS RACKET

RACCHETTA DA TENNIS

BASKET

CANESTRO

SKATEBOARD

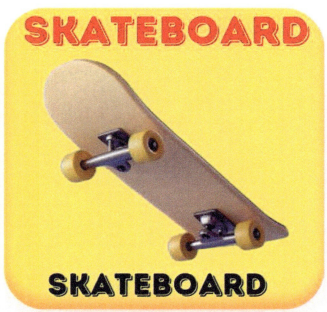

SKATEBOARD

SOCCER BALL

PALLONE DA CALCIO

BAT

MAZZA

SKI HELMET

CASCO DA SCI

GYM MAT

TAPPETINO

GYM WEIGHTS

PESI

SKIPPING ROPE

CORDA

FITNESS BALL

PALLA DA GINNASTICA

SNEAKER

SCARPA DA GINNASTICA

GYM BOTTLE

BORRACCIA

COME ACCEDERE AL VIDEO CON LA PRONUNCIA CORRETTA

GRAZIE PER AVERE SCELTO QUESTO LIBRO!

PER ACCEDERE AL VIDEO CON LA CORRETTA PRONUNCIA DELLE PAROLE IN LINGUA INGLESE SEGUI I I SEGUENTI PASSAGGI:

1) INQUADRA IL SEGUENTE CODICE QR, TRAMITE QUALSIASI APP DI LETTURA DI QR SU SMARTPHONE, OPPURE VAI AL SEGUENTE LINK:

https://www.turboscuola.org/inglese-video-pronuncia

2) COMPILA IL MODULO COME RICHIESTO E PREMI INVIO.

3) INSERISCI LA SEGUENTE PASSWORD: 17072000

4) GUARDA IL VIDEO

ALTRI LIBRI IN INGLESE DI NICOLE HOWARD

Printed by Amazon Italia Logistica S.r.l.
Torrazza Piemonte (TO), Italy

49664411R00047